L'anniv
de Petit Clown

Texte de Claire Ubac

Illustrations d'Yves Calarnou

NATHAN

Aujourd'hui, Petit Clown a trois ans.
Il met son beau pantalon bouffant.

Il pose une couronne sur sa tête
car c'est lui le roi de la fête.

Toc, toc, toc ! C’est la fille des trapézistes
qui arrive en dansant le twist.

Elle embrasse Petit Clown : smack !
et lui donne son cadeau. Oh, le beau hamac !

Le fils des dompteurs entre avec un gros paquet.
Vite, Petit Clown déchire le papier.

C’est une cage avec un bébé tigre dedans.
– Miaou Graou ! – Quel joli cadeau, dit Maman.

Mais voilà petit acrobate en collants scintillants
avec un tricycle pour son ami tout content.

– Je vais vous montrer comment je m'en sers, dit-il.
Et il pédale avec les mains, les pieds en l'air.

La petite danseuse entre sur son cheval de cirque
et fait trois fois le tour de la piste.

À chaque fois, elle envoie une surprise :
une rose, des bretelles, une cravate et une bise.

Les trois filles du jongleur sont arrivées
et envoient des quilles de tous les côtés.

Elles crient : – Tiens, regarde ce qu'on t'a apporté :
un gros ballon facile à rattraper !

Le directeur lui-même est venu avec un cadeau.

Boum, boum, tout simplement un éléphanteau !

– Et s'il grandit ? demande Papa.
Je me demande où on le mettra !

Zim ! Zim ! Les musiciens jouent pour la fête.
Ils offrent à Petit Clown une vraie trompette.

En dernier le petit magicien est entré
en lançant une pluie d'étoiles dorées.

Les invités ont goûté, ri, dansé, chanté,

et Petit Clown les a tous embrassés.

3-5 ANS

LA PETITE MAISON DES PARENTS

L'âge des pourquoi et des comment !

Votre enfant a des questions plein la tête... et il veut des réponses claires et précises aussi variées que son insatiable curiosité !

Il est imaginatif, actif, sociable et ce qu'il aime par-dessus tout, c'est discuter avec vous !

A mesure que sa personnalité s'affirme, il veut comprendre les faits et savoir comment fonctionne le monde, concrètement...

Qui peut répondre aux multiples interrogations de votre enfant ? Vous, bien sûr... avec la complicité des livres, merveilleux supports d'échange et de dialogue !